AF454665

EXTRAIT

DE LA

BIOGRAPHIE DES HOMMES MARQUANTS

AU DIX-NEUVIÈME SIÈCLE (XIVᵉ VOLUME)

MAISONNEUVE (Jacques-Gilles)

CHIRURGIEN DE L'HÔTEL-DIEU,
MEMBRE FONDATEUR ET HONORAIRE DE LA SOCIÉTÉ DE CHIRURGIE,
MEMBRE TITULAIRE DE LA SOCIÉTÉ ANATOMIQUE, MEMBRE HONORAIRE DE LA
SOCIÉTÉ MÉDICO-PRATIQUE, MEMBRE HONORAIRE DE L'ACADÉMIE ROYALE
DE BELGIQUE , MEMBRE HONORAIRE DE LA SOCIÉTÉ PHYSICO — MÉDICALE
DE MOSCOU ET LA SOCIÉTÉ DE MÉDECINE DE KIEW,
MEMBRE CORRESPONDANT DE L'ACADÉMIE IMPÉRIALE DE SAINT-PÉTERSBOURG ,
MEMBRE CORRESPONDANT DE LA SOCIÉTÉ ACADÉMIQUE DE NANTES,
DE LA SOCIÉTÉ DE MÉDECINE DE ROUEN ET DE LA SOCIÉTÉ MÉDICO-CHIRURGICALE
DE BRUXELLES, CHEVALIER DE LA LÉGION D'HONNEUR.

M. Maisonneuve est né à Nantes (Loire-Inférieure), le 10 novembre 1809, d'une famille des plus recommandables dans laquelle on compte plusieurs médecins et avocats distingués et dont plusieurs membres ont rempli des fonctions administratives éminentes [1].

[1] Pierre MAISONNEUVE, député à la première Assemblée nationale 1789. (Grand-oncle.)

J.-F. Maisonneuve, échevin de la ville de Nantes, 1785. (Grand-père.)

J.-B. Maisonneuve, membre du conseil municipal de Nantes, de 1820 à 1830, (Son père.)

H. Maisonneuve, bâtonnier de l'ordre des avocats de Nantes, 1855. (Son cousin.)

P. Maisonneuve, président de la Société académique de Nantes. (Son oncle.)

Ses études classiques terminées, il commença dès l'âge de 16 ans à suivre les cours de l'hôpital de Nantes, où il resta quatre années pendant lesquelles il remporta tous les prix et obtint tous les grades que décerne cette école de médecine secondaire.

En octobre 1829, il vint à Paris et s'attacha d'abord à Dupuytren, dont il fut l'élève assidu, puis à Récamier, dont il fut plus tard l'ami et le continuateur.

Dans une série de brillants concours, il obtient successivement le titre d'externe des hôpitaux en 1830, d'interne et d'élève à l'École pratique en 1831, remporte la même année le prix de l'externat, puis en 1833 celui de l'internat ainsi que l'un des grands prix de l'École pratique qui lui mérite sa réception gratuite au doctorat.

En avril 1834, il couronne sa carrière d'élève en passant d'une manière brillante tous les examens de docteur et en obtenant la place de prosecteur à l'école anatomique des hôpitaux, mise pour la première fois au concours.

Dans cette nouvelle position, relativement éminente, M. Maisonneuve fonda l'un des enseignements les plus remarquables de médecine opératoire qu'on ait vus depuis Lisfranc, et dans lequel le jeune professeur eut l'honneur d'avoir pour élèves la plupart des chirurgiens qui, maintenant, occupent les hautes positions chirurgicales, tant en France qu'à l'étranger.

Nommé, en 1840, chirurgien du bureau central des hôpitaux de Paris, il s'y fait d'abord remarquer par la création d'une consultation publique pour les maladies des yeux et recueille les documents précieux qui lui ont permis d'établir une des plus belles statistiques connues de hernie.

C'est aussi pendant cette période intermédiaire qu'il commence à fixer l'attention du monde savant par la publication d'une série de travaux où se révèle un esprit investigateur de premier ordre. Tels sont, en 1839, le Mémoire *sur le Périoste et ses maladies*, qui reste toujours considéré comme la meilleure monographie sur ce point de la science ; en 1840, le Mémoire *sur la fracture du Péroné*, où le jeune auteur résout d'une manière complète l'une des questions les plus controversées de la science, sur laquelle Dupuytren lui-même avait épuisé vainement son expérience et sa sagacité ; enfin en 1843, 1844 et 1845, les Mémoires *sur le Dragonneau, sur la Coxalgie*, sur les déplacements en géné ral qui tous sont restés dans la science à titre de traités classiques sur la matière.

En même temps, nous le voyons préluder à ces grandes entreprises chirurgicales qui devaient élever si haut sa réputation d'opérateur.

Dès 1839, il sauve par *la trachéotomie* un enfant qu'étouffait un corps étranger méconnu. Il reconnaît *une pierre salivaire du canal de Warton* et imagine sur place un procédé nouveau pour en opérer l'extraction. Il reconnaît dans l'utérus et extirpe avec succès un corps étranger qui avait échappé à la perspicacité d'un des plus éminents praticiens de l'époque. Il exécute avec succès *la résection de l'os maxillaire supérieur*, à peine expérimentée dans les hôpitaux de Paris ; enfin nous le voyons, dès cette époque, étonner les plus grands maîtres par la création d'une des plus brillantes opérations de la chirurgie moderne : *l'Entérotomie de l'intestin grêle*.

Élevé, en 1844, au poste de chirurgien en chef de l'hospice de Bicêtre, puis successivement à celui de chirurgien en chef de Cochin, de la Pitié, de l'Hôtel-Dieu, M. Maisonneuve trouve enfin sur ce vaste théâtre à déployer les éminentes et nombreuses qualités qui, de l'aveu de tous, en font le plus habile opérateur de l'époque.

Doué d'une dextérité exceptionnelle et surtout possédant à fond tous les secrets de l'anatomie et de la médecine opératoire, il aborde dès son début les plus grandes difficultés de l'art. Il semble tenir à honneur de n'en laisser aucune dont il n'ait eu raison ; puis bientôt franchissant les limites connues, son génie essentiellement pratique lui suggère à chaque instant des méthodes, des procédés, des ressources nouvelles qui lui permettent d'atteindre les affections les plus inaccessibles.

Lors de la dernière élection chirurgicale à l'Institut, où M. Maisonneuve eut l'honneur d'être présenté par la section en concurrence de MM. Claude Bernard, Jules Cloquet, Jobert (de Lamballe), etc.... voici comment s'exprimait à son sujet l'un des publicistes médicaux les plus estimés :

« M. Maisonneuve sera considéré comme le premier chirurgien de l'époque par ceux qui tiennent en grand honneur l'esprit d'initiative et la hardiesse opératoire. Jamais peutêtre ces facultés n'ont brillé d'un plus vif éclat que chez cet honorable confrère. Dans sa main entreprenante, le champ du bistouri est considérablement agrandi. On peut même dire qu'il n'a plus de limites. Il va chercher le mal dans les profondeurs les plus obscures et les anfractuosités les plus inaccessibles de l'organisme.

« Les opérations les plus graves, Ligatures artérielles des gros vaisseaux, Résections inusitées, Ablation et Dissection de tumeurs énormes, Mutilations effroyables, rien n'arrête, rien n'effraye cette main habilement audacieuse.

« Plus grandes paraissent les difficultés, plus promptes et plus décidées surgissent les ressources. Comme était, en médecine, son célèbre maître et ami Récamier, M. Maisonneuve semble aspirer au renom de chirurgien des cas désespérés. Il a une foi si ardente dans la puissance de l'art, que rien ne semble impossible à ses moyens d'action, et aussi les emploie-t-il là où d'autres temporisent ou reculent.

« C'est le Paracelse de la chirurgie. L'âge, l'expérience pourront peut-être tempérer cette ardeur opératoire, mais il restera certainement dans cet esprit supérieur une faculté brillante et qui sera souvent utile, celle des indications hardies, rapides, instinctives. M. Maisonneuve a déjà un budget considérable d'inventions, de modifications, de perfectionnements, et tout cela lui est venu non dans le silence et la méditation du cabinet, mais le couteau à la main, et pour obéir aux exigences de quelque cas actuel où les règles et l'instrumentation faisaient défaut. »

C'est dans cette période militante de sa vie scientifique que nous le voyons produire cette merveilleuse série d'opérations et de découvertes, dont la simple énumération est plus éloquente que tout ce que nous pourrions dire.

Ainsi : 1. Il pratique le premier en France la *section du col du fémur* pour un cas d'*ankylose angulaire*, regardé partout comme incurable.

2. Plus tard, dans un cas anologue, il obtient un plus beau succès encore par une opération plus simple et moins dangereuse dont il est l'inventeur, *la Diaclasie.*

3. Le premier, dans les hôpitaux de Paris, il exécute la *résection du genou*, ainsi que celle de la *tête du fémur*.

4. Il vulgarise la *résection du coude* en simplifiant ses procédés d'exécution.

5. Il fait accepter par de nombreux succès l'extirpation encore controversée de l'*os maxillaire supérieur*.

6. Il est le premier à oser et à conduire à bonne fin la *résection totale des deux os maxillaires supérieurs*.

7. Le premier aussi il ose exécuter la *désarticulation totale de la mâchoire inférieure*. — Trois fois il répète cette opération, considérée jusqu'alors comme impossible, et trois fois son audacieuse habileté se trouve couronnée de succès.

8. Dans l'une des nombreuses résections partielles de la mâchoire qu'il exécute, il pousse un jour l'habileté opératoire jusqu'à conserver adhérentes aux gencives les dents saines, qui plus tard sont reprises par un os nouveau sécreté par le périoste.

9. Deux fois il extirpe avec succès l'*os ethmoïde* atteint d'exostose sans même compromettre les fonctions de l'œil.

10. Le premier, il applique à la chirurgie les belles découvertes de M. Flourens sur les propriétés *ostéogénétiques du périoste*, et obtient par cette heureuse application les cures les plus extraordinaires.

11. Dans la classe des fractures, outre la fracture du *péroné*, dont il fixe définitivement la théorie si longtemps cherchée par les plus illustres chirurgiens.

12. Il fait connaître une nouvelle fracture des plus curieuses, celle du *sourcil cotyloïdien*, dont il trace l'histoire complète.

13. Il imagine pour le traitement des fractures en général un système nouveau de bandages solidifiables, qui résout définitivement la question des appareils *amovo-inamovibles*.

14. Il découvre le vrai mécanisme de la luxation de la mâchoire, à la recherche duquel les plus illustres chirurgiens, depuis Hippocrate jusqu'à nos jours, avaient épuisé vainement leur sagacité.

15. Il découvre et décrit d'une manière complète une nouvelle luxation — *la luxation du sternum*.

16. Il découvre et décrit une variété nouvelle de luxation du poignet — *la luxation médio-carpienne*.

17. Il observe et signale le premier fait authentique de luxation de la tête de l'humérus en haut.

18. Il pratique avec succès la première réduction connue de *luxation spontanée* des deux premières vertèbres cervicales.

19. Il pratique avec succès la première ligature connue de *l'artère-vertébrale*.

20. Il pratique le premier la *ligature de l'artère carotide externe*, dont il démontre les avantages dans les cas de lésions artérielles de la face.

21. Il contribue, par ses nombreux succès, à vulgariser la méthode des *injections coagulantes* dans le traitement des *varices*.

22. Il étend le champ d'application de cette précieuse méthode en en simplifiant l'instrumentation.

23. Il découvre une variété terrible de gangrène, la *gangrène foudroyante*, caractérisée par le développement spontané de gaz putrides, dans les veines, en expose les indications, et, par une décision des plus hardies, parvient à sauver un malade qui en était atteint.

24. Il perfectionne les procédés opératoires applicables aux *tumeurs de la langue* et obtient ainsi des résultats inconnus jusqu'alors.

25. Il perfectionne et vulgarise par ses nombreux succès les opérations relatives aux *polypes nasopharyngiens*.

26. Il imagine et exécute plusieurs fois avec succès l'œso-
phagotomie *interne* pour le traitement des rétrécissements de l'œsophage.

27. Il conçoit et applique avec succès l'une des plus belles
opérations de la chirurgie : *l'Entérotomie de l'intestin
grêle.*

28. Il imagine et applique une opération des plus hardies :
l'Anastomose intestinale.

29. Il simplifie tellement l'opération de la *Hernie étran-
glée*, qu'il la rend accessible aux praticiens les plus mo-
destes.

30. Il imagine la *méthode de Taxis continue au moyen de
bandes de caoutchouc*, ce qui lui permet de réduire presque toutes les hernies et rend infiniment rare l'opération
sanglante.

31. Il imagine *plusieurs procédés pour la cure radicale des
hernies* et obtient des résultats extrêmement remarquables.

32. Il crée, pour la *cure des fistules à l'anus, un procédé
opératoire de ligature extemporanée*, qui supprime à la
fois presque tous les accidents et les difficultés de cette
opération.

33. Il vulgarise, en la simplifiant, la précieuse méthode de *la
dilatation forcée pour la cure de la fissure à l'anus.*

APPAREIL RESPIRATOIRE.

34. Il découvre dans la physiologie du *voile du palais* une particularité remarquable, dont il tire partie pour la guérison de l'*Ozène* et *diverses autres maladies des fosses nasales*.

35. Il découvre la cause des déviations congénitales du nez et il imagine une opération aussi simple qu'efficace pour le *redressement* de cet organe.

36. Il imagine et exécute avec succès un procédé des plus ingénieux pour la *Rhinoplastie* dans un cas d'absence congénitale du nez.

37. Il imagine un *nouveau procédé de trachéotomie*, remarquable par sa promptitude et sa simplicité, ainsi qu'*un instrument des plus ingénieux* pour son exécution.

APPAREIL DE VISION.

38. Il imagine *la Synblépharie*, méthode aussi simple qu'efficace pour la reconstitution des paupières.

39. Il imagine de nouveaux procédés pour la cure des *fistules vésico-vaginales* et en obtient des succès remarquables.

40. Il imagine une méthode aussi hardie qu'efficace pour l'*extirpation des tumeurs fibreuses interstitielles de l'Utérus.* — Méthode de morcellement.

41. Le premier, dans les hôpitaux de Paris, il ose exécuter l'*extirpation des Kystes de l'Ovaire.*

42. Il imagine et applique avec succès une nouvelle *méthode de taille* (la taille rectale), plus simple et plus rapide qu'aucune des autres méthodes connues.

43. Il imagine *divers procédés de Cathétérisme* (le Cathétérisme à la suite) *et le Cathétérisme sur conducteur flexible* qui résolvent plusieurs difficultés graves inhérentes au traitement des affections urinaires.

44. Il imagine *un procédé* aussi efficace qu'ingénieux pour la guérison, jusqu'alors vainement cherchée, de *l'Hypospadias.*

45. Le premier il applique, avec un plein succès, les *injections coagulantes* à la cure du *varicocèle* et relègue ainsi dans l'oubli toutes les méthodes si douloureuses de la ligature et de la compression.

46. Il découvre la théorie des ces accidents si graves, désignés sous le nom de *fièvre uréthrale* et donne le moyen de les conjurer.

47. Il parvient à résoudre enfin la grande question de la *guérison immédiate des rétrécissements de l'Urèthre* au moyen d'une nouvelle méthode d'*Uréthrotomie interne* — l'Uréthrotomie à lame découverte.

MÉTHODES GÉNÉRALES.

48. Il imagine une merveilleuse méthode de *cautérisation* (la cautérisation en flèches) qui devient l'une des méthodes fondamentales de la chirurgie moderne.

49. Il apporte aux procédés connus de la ligature des perfectionnements tels qu'il fait de cette méthode une des plus précieuses méthodes chirurgicales, sous le nom de *ligature extemporanée*.

50. Il régularise et développe sous le nom de *Divulsion*, une méthode qui devient entre ses mains l'une des plus brillantes et des plus importantes ressources de la médecine opératoire.

51. Il établit sur des principes nouveaux et solides *la théorie des pansements*, abandonnée jusqu'alors à la routine.

52. Enfin il conçoit et développe cette belle et grande théorie de *l'intoxication* qui, selon l'expression de M. Flourens, inaugure dans l'histoire de la chirurgie le début d'une ère nouvelle, en ce qu'elle y introduit l'élément scientifique qui jusqu'alors lui avait fait défaut.

En effet, cette idée féconde de l'intoxication promet tout simplement d'être, pour les sciences médicales, ce que l'idée de la gravitation fut pour les sciences physiques, celle de la combinaison des éléments pour la chimie; c'est-à-dire qu'elle en sera désormais la base fondamentale.

Déjà, devant cette théorie si simple et si vraie, toutes les autres s'évanouissent. Le temps semble déjà bien loin où, pour excuser les accidents opératoires, on pouvait invoquer mille influences mystérieuses derrière lesquelles s'abritaient si souvent la maladresse ou l'ignorance. La théorie nouvelle a dissipé toutes ces obscurités, et les accidents de toutes sortes ne sont plus désormais que la conséquence rigoureuse de circonstances précises, qu'il n'est plus permis au chirurgien de méconnaître, et qu'il a presque toujours le pourvoir de maîtriser.

Car, et ce ne sera pas dans la postérité sa moindre gloire, M. Maisonneuve ne s'est pas borné à découvrir le vrai mécanisme des accidents opératoires ou traumatiques, il a démontré encore comment on pouvait en prévenir le développement, soit en empêchant le poison de naître, soit en le neutralisant ou l'éliminant quand il existe, soit en lui fermant les voies par lesquelles il pourrait pénétrer : ce que l'on peut obtenir dans l'immense majorité des cas, en sachant habilement faire usage des méthodes précieuses des opérations sous-cutanées, de la cautérisation, de la ligature, de la divulsion, de la compression, des pansements antiputrides, des irrigations continues et surtout de l'aspiration pneumatique.

On peut donc, sans exagération, dire avec l'illustre secré=

taire perpétuel de l'Académie des sciences, que M. Maisonneuve a véritablement opéré dans la chirurgie la plus profonde révolution qu'ait jamais subie cet art, en y important
l'élément scientifique [1].

« Je partage l'histoire de la chirurgie, dit-il, en trois épo-
« ques nettement marquées : l'époque qui a précédé l'Aca-
« démie de chirurgie, l'époque de cette Académie et l'époque
« actuelle.

« Avant l'Académie de chirurgie, ni la puissance de l'art
« n'était bien comprise, ni l'art lui même n'avait pris sa
« place ; avec l'Académie de chirurgie, l'art parut dans
« toute sa grandeur ; aujourd'hui [2] la transformation est en-
« core plus profonde : à l'art se joint la science. »

[1] M. Flourens, *Journal des savants*, avril 1863.
[2] Compte rendu de la Clinique chirurgicale de M. Maisonneuve, par
M. Flourens, *Journal des savants*, 1863, 221.